© 2007   Tectum Publishers
         Godefriduskaai 22
         2000 Antwerp, Belgium
         info@tectum.be
         + 32 3 226 66 73
         www.tectum.be

ISBN: 978-907688-46-6
WD: 2007/9021/11
(43)

PHOTOGRAPHY
JC Decaux
TEXT
Birgit Krols, JC Decaux
TRANSLATIONS
Matis International NV
DESIGN
Gunter Segers

SENSATIONAL BILLBOARDS

IN ADVERTISING

TECTUM
PUBLISHERS

1

city
billboards
p 8-87

2

billboards
on highways
p 88-125

3

billboards
in airports
P 126-147

4

interactive
billboards
P 148-176

introduction

Close your eyes. Picture an urban landscape in your head. A city. A capital. A metropolis. Picture it in broad daylight. And then at night ...

Open your eyes.

Think of the landscapes your senses generated. Did the billboards form part of it? Did they? Then the book you are looking at has been produced for you...

Indeed, billboards form an integral part of our environment. They are all over our cities, they light them up, they hide building sites, they accommodate creativity and they often pop up on frequently used roads. They are points of reference and they even may be the symbol of a city (Times Square and Big Apple). Formatted, deformatted by the publicity agents, their changes over the course of years, over the seasons and weeks, all capture our attention. These billboards are really familiar to us. We see them more often than our own home and in the end, we know them by heart.
When we pass them closely, their gigantic size simply overwhelms us. The top models that figure on them appear to be even more out of reach. The cars, even the two-seater sports cars, seem to be made to take our entire family on a comfortable holiday. Billboards breathe life into the city. And each city has its own universe of wooden or aluminium billboards to offer, its bus shelters that are the work of renowned designers such as the likes of Philip Cox, Mario Bellini or Norman Foster, enhancing the architectural patrimony of the city (Brussels and its famous « Mupis » Horta). You can also encounter unique pieces of work all over the world: the « Torch » or the « Galaxy » in London, the Adidas « balloon » in Lisbon, the Vuitton «suitcase» at the Hong Kong airport, ...

Until today, no one has ever dedicated a book of photographs to this urban furnishing in the world. Now you are finally looking at it. Not an exhaustive catalogue, but advertising campaign(s), moods, original and sensational formats, as the title already indicates. This book will take you on a tour of the world of major cities, along famous routes, and will make you marvel at the most beautiful shopping centres in the world. The gigantic size of billboards with original formats or the technology used to create them, will impress you. The title had already been decided on, but one of the chapters in this compilation could most certainly have been titled « Bright Lights, Big City ». You get the picture: the shining lights of the billboards at night did indeed deserve a separate section ! As does the highly « science fiction » like character of the latest of the big mass media...
Leafing through these pages, you will recognise familiar landscapes and images, from Chinatown to the Eiffel Tower, from Disney characters to the heroes of our time (Zidane or Ballack), and prestigious brands. Because this urban furniture is the vehicle for the prestige of those who figure on it or use it. The grandeur is never far away in this world where mobile phones are 10 metres high and where skaters jump over entire cities. Always with style, with class and with elegance.
We invite you to take a walk with us through this book published in a format that does justice to its subject. Enjoy the publicity campaigns shown in it, but above all the architecture, the surrounding landscapes and the daring formatting for oversized billboard campaigns.

In conclusion, we would like to thank the company JCDecaux for making its photo archives available to us. Without their help, this book would simply not have been what it is now.

introduction

Fermez les yeux. Imaginez un paysage urbain.
Une ville. Une capitale. Une mégapole.
Imaginez-le en plein jour. Puis la nuit....
Ouvrez les yeux.

Souvenez-vous des paysages que vos sens ont générés. Les affiches publicitaires en faisaient-elles partie? Oui? Le livre que vous tenez en mains est fait pour vous...

En effet, l'affichage fait partie intégrante de notre environnement. Il remplit, éclaire les cités, il camoufle les chantiers, héberge la créativité, sort souvent des sentiers battus. Il sert de point de repère, quand il ne symbolise pas une ville (Times Square et Big Apple). Formaté, déformaté par les publicitaires, ses mutations au fil des années, des saisons et des semaines nous interpellent. Ces panneaux nous sont tellement familiers. Nous les croisons plus souvent que notre propre maison et finissons par les connaître par cœur. Quand nous passons à proximité, leur gigantisme nous en impose. Les tops modèles qui y défilent paraissent encore plus inaccessibles. Les voitures, même sportives à deux places, pourraient emmener toute notre famille confortablement en vacances.
L'affiche anime la ville. Et chaque cité propose son propre univers de panneaux en bois ou en aluminium, d'abribus élaborés par des designers de renom tels que Philip Cox, Mario Bellini ou Norman Foster, mettant le patrimoine architectural de la ville en valeur (Bruxelles et ses fameux « Mupis » Horta). On trouve aussi des œuvres uniques un peu partout dans le monde : La « Torch » ou la « Galaxy » à Londres, le « ballon » Adidas à Lisbonne, la « valise » Vuitton de l'aéroport de Hong Kong, ...

Personne n'avait à ce jour consacré un livre de photographies de ces mobiliers urbains dans le monde. Le voici enfin. Pas un catalogue exhaustif, mais des campagnes publicitaires, d'humeurs, de formats originaux et sensationnels, comme le dit le titre.
Vous ferez le tour du monde des grandes villes, vous emprunterez des routes célèbres, vous lécherez les vitrines des plus beaux shopping centres du monde. Des panneaux hors format vous impressionneront par leur gigantisme ou la technologie avancée qu'ils exploitent.
Le titre était déjà pris, mais un des chapitres proposés dans ce recueil aurait pu s'intituler « Bright Lights, Big City ». Vous l'avez compris, les lueurs des affiches la nuit méritaient bien une section à part ! Tout comme le futur très « science-fiction » du dernier grand media de masse...
Au fil de ces pages, vous reconnaîtrez des paysages familiers, de Chinatown à la Tour Eiffel, des personnages de Disney, des héros des temps modernes (Zidane ou Ballack), des marques prestigieuses. Car ces mobiliers urbains assoient le prestige de ceux qui y figurent ou qui les utilisent. Le grandiose n'est jamais loin, dans ce monde où les téléphones mobiles mesurent 10 mètres de haut et où les patineurs surplombent une ville entière. Toujours avec style, avec classe et élégance.
Nous vous invitons à vous promener dans ce livre au format respectueux du support qu'il illustre. Appréciez-en les campagnes publicitaires, mais surtout l'architecture, les paysages environnants et les déformatages osés lors de campagnes d'affichage démesurées.

Pour conclure, nous tenons à remercier la société JCDecaux pour la mise à disposition de sa photothèque, sans laquelle ce livre n'aurait pas été le même.

inleiding

Sluit uw ogen. Beeld u een stadslandschap in.
Een stad. Een hoofdstad. Vorm u een beeld
hoe zij er overdag uitziet. En dan 's nachts...
Open uw ogen.

Haal de landschappen terug voor ogen die uw zintuigen zonet gecreëerd hebben. Maakten de publiciteitsaffiches er deel van uit ? Ja ? Het boek dat u nu in handen hebt is dan voor u gemaakt....

Inderdaad, billboards maken vandaag integraal deel uit van onze omgeving. Ze vullen de stad aan, verbergen werven, herbergen creativiteit, zijn vaak te vinden op veel gebruikte wegen. Het zijn referentiepunten als ze al niet een hele stad symboliseren (Times Square en Big Apple). Geformatteerd en gedeformatteerd door de publiciteitsagenten, spreken hun wijzigingen door de jaren heen, doorheen de seizoenen en weken, ons allemaal aan. Wij hebben er vaak meer mee te maken dan met ons eigen huis en uiteindelijk kennen we hen uit het hoofd.
Wanneer we er zeer dicht langs gaan, zijn we onder de indruk van hun reusachtige afmetingen. De topmodellen die we op de billboards kunnen bewonderen lijken nog meer dan ooit buiten bereik en de wagens, zelfs de two-seater sportwagens, lijken onze hele familie gemakkelijk te kunnen vervoeren voor een welverdiende vakantie. Billboards brengen leven in de stad. En elke stad heeft haar eigen universum van houten of aluminium reclameborden te bieden, haar eigen universum van overdekte bushaltes die het werk zijn van gerenommeerde designers zoals Philip Cox, Mario Bellini of Norman Foster, dat nog meer waarde toevoegt aan het architecturale patrimonium van de stad (Brussel en zijn beroemde « Mupis » Horta). Men kan ook unieke werken terugvinden over zowat de hele wereld: de « Torch » of de « Galaxy » in Londen, de Adidas « ballon » in Lissabon, de Vuitton « koffer » op de luchthaven van Hongkong, ...

Tot vandaag heeft niemand een fotoboek gewijd aan dit stadsmeubilair. En hier is het dan eindelijk. Geen complete catalogus, maar een overzicht van reclamecampagnes, stemmingen, originele en sensationele formats, net zoals de titel al stelt.
In dit boek zal u een tocht langs de grote steden maken, u zal gebruik maken van beroemde routes en u zal zich vergapen aan de mooiste shoppingcenters in de wereld. U zal onder de indruk zijn van de reusachtige afmetingen van buitenmaatse panelen of van de geavanceerde technologie waarvan zij gebruik maken.
De titel was reeds vastgelegd, maar de titel van één van de hoofdstukken van deze verzameling had zeker « Bright Lights, Big City » kunnen luiden. U begrijpt het: het nachtelijke schijnsel van de verlichte billboards verdiende zeker een apart hoofdstuk! Net zoals de zeer « sciencefiction »-achtige toekomst van het nieuwste medium onder de massamedia...
Als u door dit boek bladert, zal u bekende landschappen en beelden ontmoeten, van Chinatown tot de Eiffeltoren, van Disneypersonages tot hedendaagse helden (Zidane of Ballack), en prestigieuze merken. Want dit stadsmeubilair is het vehikel voor het prestige van hen die erop afgebeeld zijn of er gebruik van maken. De grootsheid is nooit ver weg in die wereld waar een mobiele telefoon 10 meter hoog is en schaatsers zich over een hele stad buigen. En steeds met stijl, met klasse en met elegantie.
Wij nodigen u uit een wandeling te maken doorheen dit boek dat uitgegeven werd in een formaat dat zijn onderwerp alle eer aandoet. Geniet van de publiciteitscampagnes, maar vooral van de architectuur, de omliggende landschappen en de gedurfde formats van buitenmaatse billboard campagnes.

Tenslotte willen wij de firma JCDecaux bedanken, voor het ter beschikking stellen van haar fotoarchief. Zonder deze hulp had dit boek gewoon niet geweest wat het nu is.

1

city billboards

Bus shelters, bare walls, scaffolding, undeveloped plots, roofs of apartment buildings ... each blind spot in the urban landscape is eagerly hauled in by advertising messages that attract attention. An inhabitant of a city would probably experience his city as being incomplete without these first-class eye-catchers that add colour, light, atmosphere and humour to his rather grey concrete everyday world. This kind of billboards should first of all be short, funny and unusual to attract attention.

Abribus, murs nus, échafaudages, terrains à l'abandon, toits d'immeubles ... de nos jours, chaque point aveugle du paysage urbain est avidement accaparé par des expressions publicitaires cherchant à attirer l'attention. Sans ces accroches de première classe qui ajoutent couleur, lumière, atmosphère et humour, la ville paraîtrait probablement incomplète à cet habitant dont l'univers grisâtre se nourrit plutôt de béton. Ce genre d'affiches publicitaires doit surtout être concis, drôle et inhabituel pour attirer le regard.

Bushokjes, kale muren, steigers, braakliggende gronden, daken van appartementsgebouwen... elke blinde vlek in het stadslandschap wordt gretig ingepalmd door aandachttrekkende reclame-uitingen. Voor een inwoner zou de stad waarschijnlijk incompleet aanvoelen zonder deze blikvangers eerste klas, die kleur, licht, sfeer en humor toevoegen aan zijn veeleer grijs betonnen leefomgeving. Dit soort billboards moet vooral kort, grappig en ongewoon zijn om in het oog te springen.

France (Paris) : Fully illuminated wrapp for Audi
France (Paris) : Toile éclairée pour Audi
Frankrijk (Parijs) : Volledig verlicht zeildoek voor Audi

Belgium : Special Build for Lays : palm tree and sand in the heart of Brussels
Belgique : Construction spéciale pour Lays : palmiers et sable fin au cœur de Bruxelles
België : Speciale Constructie voor Lays : palmboom en zand in het hart van Brussel

Thailand - 3D Showcase for Comfort
Thaïlande -Vitrine 3D pour Comfort
Thailand - 3D Showcase voor Comfort

Finland - Special Build (mirror) for Fazer
Finlande - Construction spéciale (miroir) pour Fazer
Finland - Speciale Constructie (spiegel) voor Fazer

**GERMANY - 3D SPECIAL BUILD &
LIGHTING EFFECT FOR GAMES
CONVENTION**
ALLEMAGNE - CONSTRUCTION SPÉ-
CIALE & EFFET LUMINEUX POUR
GAMES CONVENTION
DUITSLAND - 3D SPECIALE
CONSTRUCTIE & LICHTEFFECT VOOR
GAMES CONVENTION

FRANCE - NEON LIGHT FOR PERRIER
FRANCE - PUBLICITÉ LUMINEUSE POUR PERRIER
FRANKRIJK - NEONLICHT VOOR PERRIER

Belgium - for Mer Du Nord
Belgique - pour Mer Du Nord
België - voor Mer Du Nord

Moving images through "Illuminate" technology on Billboard of 17sqm for the launch of Sony Bravia
La Belgique : Images en mouvement grâce à la technologie "illuminated" sur panneau de 17m² pour le lancement de Sony Bravia
België : Bewegende beelden via "Illuminate" technologie op een billboard van 17m² voor de lancering van Sony Bravia

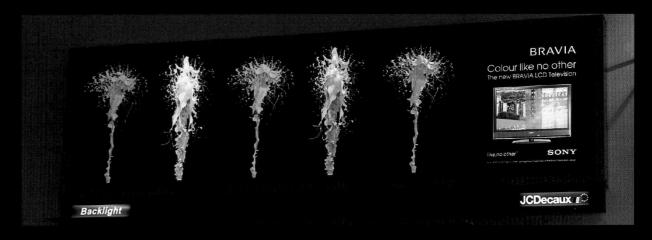

"An impressive evolution over the years ... considered in the past to be a derivative of the press ... nowadays posters and their messages have to be concise, direct and original so that the public is able to memorise them at a glance."

"Evolution impressionnante au fil des années... anciennement considéré comme une dérive de la presse... l'affichage et ses messages d'aujourd'hui se doivent d'être succints, directs, originaux pour que le public puisse les mémoriser en un temps minime."

"Een indrukwekkende evolutie door de jaren heen ... vroeger beschouwd als een afgeleide van de pers ... affiches en hun boodschappen moeten vandaag de dag beknopt zijn, direct en origineel om het publiek de kans te geven ze in een mum van tijd te memoriseren."

CEDRIC CHAPELLE, (ACCOUNT MANAGER PTOC, BELGIUM)

PORTUGAL: SPECIAL BUILD FOR VODAFONE
PORTUGAL: CONSTRUCTION SPÉCIALE POUR VODAFONE
PORTUGAL: SPECIALE CONSTRUCTIE VOOR VODAFONE

SLOVAKIA : POSTER ON SHOPPING PALACE
SLOVAQUIE: POSTER AU SHOPPING PALACE
SLOWAKIJE : AFFICHE OP HET SHOPPING PALACE

HONG KONG - SHOWCASE & SPECIAL BUILD FOR BVLGARI
HONG KONG - VITRINE & CONSTRUCTION SPÉCIALE POUR BVLGARI
HONGKONG - SHOWCASE & SPECIALE CONSTRUCTIE VOOR BVLGARI

France (Paris)
France (Paris)
Frankrijk (Parijs)

France (Paris) : Fully Wrapped for Salvatore Ferragamo
France (Paris) : Toiles événementielles pour Salvatore Ferragamo
Frankrijk (Parijs) : Zeildoeken voor Salvatore Ferragamo

ITALY - NIKE
ITALIE - NIKE
ITALIË - NIKE

ITALY - NIKE
ITALIE - NIKE
ITALIË - NIKE

Casinos Barrière - les plus parisiens

Barrière je préfère

France (Paris) - Special Build for the Casinos Barrière
France (Paris) - Construction spéciale pour les Casinos Barrière
Frankrijk (Parijs) - Speciale Constructie voor de Casinos Barrière

AUSTRIA
AUTRICHE
OOSTENRIJK

HONG KONG - SHOWCASE & SPECIAL BUILD FOR OLAY
HONG KONG - VITRINE & CONSTRUCTION SPÉCIALE POUR OLAY
HONGKONG - SHOWCASE & SPECIALE CONSTRUCTIE VOOR OLAY

Estonia - Special Build for Garnier
Estonie - Construction spéciale pour Garnier
Estland - Speciale Constructie voor Garnier

"A billboard network is like a climbing plant organically interwoven with the city that has an infinite number of constantly changing flowers of a different kind."

"Un réseau d'affichage, c'est comme une plante volubile rampant à travers la ville en offrant ses innombrables fleurs de toutes sortes sans cesse renouvelées ..."

"Een affichagenetwerk is als een in een stad verweven klimplant met een oneindig aantal steeds vernieuwende en andersoortige bloesems."

PHILIPPE HOMBROUKX (GENERAL MANAGER, MINDSHARE, BELGIUM)

UK (LONDON): MARKS & SPENCER
ROYAUME UNI (LONDRES): MARKS & SPENCER
VERENIGD KONINKRIJK (LONDEN): MARKS & SPENCER

Hong Kong - Showcase & Fully Wrapped for Staccato
Hong Kong - Vitrine & Habillage Complet pour Staccato
Hongkong - Showcase & Zeildoek voor Staccato

44

STACCATO

STACCATO

Beware o

Regional Crime Prevention

at Shop G48 Haiphong Road

Please visit STACCATO store at Shop G54 Parklane Shopper's Boulevard

HONG KONG - FULLY WRAPPED FOR CALVIN KLEIN
HONG KONG - HABILLAGE COMPLET POUR CALVIN KLEIN
HONGKONG - ZEILDOEK VOOR CALVIN KLEIN

**CROATIA - SPECIAL BUILD FOR RAIFFEISEN
BANK : TRANSPARENT EFFECT**
CROATIE - CONSTRUCTION SPÉCIALE POUR
RAIFFEISEN BANK : EFFET TRANSPARENT
KROATIË - SPECIALE CONSTRUCTIE VOOR
RAIFFEISEN BANK : DOORSCHIJNEND EFFECT

48

"Out of home remains the most pure and solid of all media."

"L'affichage reste la forme de communication la plus pure... et la plus dure."

"Affichage blijft allicht de meest pure en duurzame communicatievorm."

Dominique Deville (CEO OMD, Belgium)

France (Paris) : Fully Wrapped for Dolce & Gabana
La France (Paris) : Toile événementielle pour Dolce & Gabana
Frankrijk (Parijs) : Zeildoek voor Dolce & Gabana

Hôtel Fouquet's Barrière OPENING 2006

France (Paris) : Fully Wrapped for the
opening of a new hotel
France (Paris) : Toile événementielle
pour l'ouverture d'un nouvel hôtel
Frankrijk (Parijs) : Zeildoek voor de
opening van een nieuw hotel

"A brand is only as strong as its latest representation on billboards"

"Une marque n'est jamais plus forte que sa dernière représentation en affichage"

"Een merk is maar zo sterk als zijn laatste verschijning op affiches"

GAUTHIER ELSLANDER, (STRATEGIC PLANNING DIRECTOR OMD, BELGIUM)

SPAIN - BANNER FOR NIKE
ESPAGNE - TOILE POUR NIKE
SPANJE - SPANDOEK VOOR NIKE

Slovakia - Backlight for Nike
Slovaquie - Backlight pour Nike
Slowakije - Backlight voor Nike

Netherlands - Special Build & Fully Wrapped for KLM Open
Pays-Bas - Construction spéciale & Habillage Complet pour KLM Open
Nederland - Speciale Constructie & Zeildoek voor KLM Open

"Out of home will probably be one of the most innovative media in the future."

"L'affichage sera probablement le media le plus innovante dans le futur."

"Affichage zal waarschijnlijk het meest innovatieve medium zijn van de toekomst."

ALAIN HENDRICKX (CEO MEDIAEDGE:CIA, NETHERLANDS)

IRELAND - 3D SPECIAL BUILD FOR HEINEKEN
IRLANDE - CONSTRUCTION SPÉCIALE EN 3D POUR HEINEKEN
IERLAND - 3D SPECIALE CONSTRUCTIE VOOR HEINEKEN

BELGIUM - 3D SPECIAL BUILD FOR DUYVIS
BELGIQUE - CONSTRUCTION SPÉCIALE EN 3D POUR DUYVIS
BELGIË - 3D SPECIALE CONSTRUCTIE VOOR DUYVIS

SERBIA - SPECIAL BUILD "DAY & NIGHT" FOR BECK'S BEER
SERBIE - CONSTRUCTION SPÉCIALE "JOUR & NUIT" POUR BECK'S BEER
SERVIË - SPECIALE CONSTRUCTIE "DAG & NACHT" VOOR BECK'S BIER

UK (London)
Royaume Uni (Londres)
Verenigd Koninkrijk (Londen)

SERBIA - SPECIAL BUILD FOR COCA-COLA
SERBIE - CONSTRUCTION SPÉCIALE POUR COCA-COLA
SERVIË - SPECIALE CONSTRUCTIE VOOR COCA-COLA

BELGIUM (ANTWERP) - FULLY WRAPPED FOR LIU-JO
BELGIQUE (ANVERS) - TOILE ÉVÉNEMENTIELLE POUR LIU-JO
BELGIË (ANTWERPEN) - ZEILDOEK VOOR LIU-JO

BELGIUM - 3D SPECIAL BUILD SCROLLING STORYBOARDS FOR GARNIER (FRUCTIS)
BELGIQUE - STORY-BOARDS DÉROULANTS EN 3D SPÉCIALEMENT CONSTRUITS POUR GARNIER (FRUCTIS)
BELGIË - 3D SPECIALE CONSTRUCTIE SCROLLING STORYBOARDS VOOR GARNIER (FRUCTIS)

UK - SOUND & LIGHT EFFECTS, LENTICULARS & SPECIAL BUILD (HEATERS) FOR BRITISH GAS

ROYAUME UNI - EFFETS SONS ET LUMIÈRES, & CONSTRUCTION SPÉCIALE (CHAUFFAGES) POUR BRITISH GAS

VERENIGD KONINKRIJK - GELUIDS- EN LICHTEFFECTEN, LENZEN & SPECIALE CONSTRUCTIE (VERWARMING) VOOR BRITISH GAS

BELGIUM - BACKLIGHT FOR SAMSUNG
BELGIQUE - BACKLIGHT POUR SAMSUNG
BELGIË - BACKLIGHT VOOR SAMSUNG

IRELAND - SPECIAL "ILLUMINATE" LIGHTING EFFECT
IRLANDE - SPÉCIAL "ILLUMINATE" EFFET LUMINEUX
IERLAND - SPECIAAL "ILLUMINATE" LICHTEFFECT

CZECH REPUBLIC - FULLY WRAPPED FOR NIKE
RÉPUBLIQUE TCHÈQUE - HABILLAGE COMPLET POUR NIKE
TSJECHISCHE REPUBLIEK - ZEILDOEK VOOR NIKE

ITALY - FULLY WRAPPED FOR COCA-COLA
ITALIE - TOILE ÉVÉNEMEN-
TIELLE POUR COCA-COLA
ITALIË - ZEILDOEK VOOR
COCA-COLA

ITALY - FULLY WRAPPED FOR MERCEDES & CALVIN KLEIN
L'ITALIE - TOILE ÉVÉNEMENTIELLE POUR MERCEDES & CALVIN KLEIN
ITALIË - ZEILDOEK VOOR MERCEDES & CALVIN KLEIN

FINLAND : XL BILLBOARD FOR MITSUBISHI
FINLANDE : AFFICHAGE XL POUR MITSUBISHI
FINLAND : XL BILLBOARD VOOR MITSUBISHI

BELGIUM (BRUSSELS) : RANGE OF ROTATING 8SQM BILLBOARDS ON PALISSADE.
BELGIQUE (BRUSSELS) : SÉRIE D' AFFICHAGES DÉROULANTS 8M² SUR PALISSADE.
BELGIË (BRUSSELS) : ROTERENDE REEKS 8M² BILLBOARDS OP EEN PALISSADE.

THAILAND - SCENT & SPECIAL BUILD FOR DENTYNE: PRODUCT FLAVOUR ASSOCIATED TO THE CAMPAIGN
THAÏLANDE- SENTEUR & CONSTRUCTION SPÉCIALE POUR DENTYNE: GOÛT DU PRODUIT ASSOCIÉ À LA CAMPAGNE
THAILAND - GEUR & SPECIALE CONSTRUCTIE VOOR DENTYNE: PRODUCTSMAAK GEASSOCIEERD MET DE CAMPAGNE

2

billboards on highways

Billboards on highways offer producers the possibility to reach an immense number of potential clients in no time at all. Indeed, billions of people all over the world get into their cars every day to go to work, to run errands, to take the kids to school or to travel. Variants such as highway billboards, billboards on lantern posts, publicity columns and digital screens enable the advertiser to draw the attention to his product in his own unique manner.

Les affichages publicitaires le long des autoroutes offrent aux fabricants la possibilité d'atteindre un public immense en un minimum de temps. C'est que des centaines de milliers de personnes se servent de leur voiture pour aller au travail, pour faire des courses et emmener les enfants à l'école ou encore pour partir en vacances. Des variantes telles que les panneaux d'affichages en bord de route, les panneaux aux réverbères, mâts drapeaux et écrans numériques publicitaires permettent à l'afficheur d'attirer l'attention sur son produit de la façon qui lui convient le mieux.

Billboards langs autosnelwegen bieden producenten de mogelijkheid om in een korte tijdspanne een immens publiek te bereiken. Miljarden mensen maken wereldwijd immers gebruik van de auto om naar hun werk te gaan, boodschappen te doen, hun kinderen naar school te brengen of op reis te gaan. Varianten als baanaffiches, borden aan lantaarnpalen, reclamemasten en digitale schermen stellen de adverteerder in staat om op zijn eigen unieke manier de aandacht op zijn product te vestigen.

SINGAPORE
SINGAPOUR
SINGAPORE

UK, London - M&S
Royame Uni, Londres - M&S
Verenigd Koninkrijk - M&S

94

AUSTRIA - MC DONALD'S IN 3 PARTS
AUTRICHE - MC DONALD'S EN 3 PARTIES
OOSTENRIJK - MC DONALD'S IN 3 DELEN

Finland (Helsinki)
Finlande (Helsinki)
Finland (Helsinki)

ITALY
ITALIE
ITALIË

"Billboards are probably the oldest medium in the world and probably they are the medium that has been able to adapt itself, to transform and to stay up-to-date the best of all media available: all you need to do is look at their creative innovation potential. "

"L'affichage est probablement le plus vieux média du monde et c'est probablement celui qui a su le plus se modifier, se transformer et rester up to date de tous: il suffit d'observer ses capacités de renouvellement créatif. "

"Affichage is waarschijnlijk het oudste medium ter wereld en het is waarschijnlijk het medium dat zich het best van alle media heeft kunnen aanpassen, transformeren en actueel blijven: je moet alleen maar naar de mogelijkheden tot creatieve innovatie kijken die het medium in zich draagt."

CHRISTIANE DARDENNE (CEO SPACE, BELGIUM)

UK (LONDON) "THE GALAXY" : 3D "HANGING" BILLBOARD FOR FORD
ROYAUME UNI (LONDRES) "THE GALAXY" : PANNEAU D'AFFICHAGE EN 3D "SUSPENDU" POUR FORD
VERENIGD KONINKRIJK (LONDEN) "THE GALAXY" : 3D "HANGEND" BILLBOARD VOOR FORD

China (Beijing) - New stand for Coca-Cola
Chine (Pékin) - Nouveau stand pour Coca-Cola
China (Beijing) - Nieuwe stand voor Coca-Cola

France - Special Build Wall Wrap for Walt Disney
France - Toile événementielle spécialement construite pour Walt Disney
Frankrijk - Speciale Constructie Muurzeildoek voor Walt Disney

ESTONIA
ESTONIE
ESTLAND

RED

www.superbock.pt

LX é XL.

SUPER BOCK XL
Nova garrafa 0,5L

SINGAPORE: WALL WRAP FOR SWAROVSKI
SINGAPOUR: TOILE EVÉNEMENTIELLE POUR SWAROVSKI
SINGAPORE: MUURZEILDOEK VOOR SWAROVSKI

AUSTRIA - SPECIAL BUILD FOR NICOTINELL
AUTRICHE - CONSTRUCTION SPÉCIALE POUR NICOTINELL
OOSTENRIJK - SPECIALE CONSTRUCTIE VOOR NICOTINELL

**SINGAPORE - TRIVISION
PEOPLESPARK**
SINGAPOUR - TRIVISION
PEOPLESPARK
SINGAPORE - TRIVISION
PEOPLESPARK

UK - The Torch (London, along the M6) with digital screen
Royaume Uni - The Torch (Londres, le long de la M6) avec écran numérique
Verenigd Koninkrijk - The Torch (Londen, langs de M6) met een digitaal scherm

JCDecaux
din villa
kr om dagen.
if...
Lugn, vi hjälper dig.
för under 1 kr om dagen.
if...

*"Only out of home is no doubt really mass media,
other media are mass personal media."*

*"Seul l'affichage constitue un mass media,
les autres media sont des mass personal media."*

*"Enkel affichage kan gezien worden als een massa-
medium, andere media zijn massa personal media"*

ARNAUD VANDENBERGHEN (MANAGING DIRECTOR KINETIC, BELGIUM)

SWEDEN - SPECIAL BUILD FOR IF
SUÈDE - CONSTRUCTION SPÉCIALE POUR IF
ZWEDEN - SPECIALE CONSTRUCTIE VOOR IF

3

billboards in airports

Billboards in airports are a segment in themselves, in the sense that they target a gigantic business and tourist public that has considerable purchasing power. A sophisticated and "fascinated" public at that, which most of the time arrives hours in advance at the airport due to the stricter security measures and is therefore exposed for a long time to the advertising in the departure hall. Producers of de luxe products in particular, are only too happy to opt for billboards in airports.

Les affichages publicitaires dans les aéroports représentent un secteur en soi, dans ce sens qu'ils visent un public professionnel et touristique gigantesque ayant un pouvoir d'achat énorme. De surcroît un public sophistiqué et "fasciné" qui, suite aux mesures de sécurité renforcées, est souvent obligé de se présenter à l'aéroport des heures à l'avance et sera par conséquent pendant un temps considérable exposé aux messages publicitaires s'y trouvant. Ce sont surtout les fabricants de produits de luxe qui sont intéressés par l'affichage dans les aéroports.

Billboards in luchthavens vormen een segment op zich, in die zin dat ze mikken op een gigantisch zakelijk en toeristisch publiek met grote koopkracht. Een gesofistikeerd en "geboeid" publiek bovendien, dat ten gevolge van verstrengde veiligheidsmaatregelen meestal uren van tevoren in het luchthavengebouw aanwezig is en dus gedurende lange tijd blootgesteld wordt aan de aanwezige reclameboodschappen. Vooral producenten van luxeproducten opteren graag voor billboards in luchthavens.

CHINA (HONG KONG AIRPORT) SPECIAL BUILD FOR LUIS VUITTON
CHINE (AÉROPORT DE HONG KONG) CONSTRUCTION SPÉCIALE POUR LUIS VUITTON
CHINA (LUCHTHAVEN VAN HONGKONG) SPECIALE CONSTRUCTIE VOOR LUIS VUITTON

China (Hong Kong Airport) - Zones for Emirates (Flat screen technology)
Chine (Aéroport de Hong Kong) - Zones pour les Emirats (Technologie de l'écran plat)
China (Luchthaven van Hongkong) - Zones voor de Emiraten (Flatscreentechnologie)

Portugal- 3D Showcase & Special Build for Gazela : open the fridge ...
Portugal - Vitrine 3D & Construction Spéciale pour Gazela : ouvrez le réfrigérateur
Portugal- 3D Showcase & Speciale Constructie voor Gazela : open de koelkast ...

PORTUGAL (LISBON AIRPORT) - SPECIAL BUILD FOR ADIDAS
PORTUGAL (AÉROPORT DE LISBONNE) - CONSTRUCTION SPÉCIALE POUR ADIDAS
PORTUGAL (LUCHTHAVEN VAN LISSABON) - SPECIALE CONSTRUCTIE VOOR ADIDAS

GERMANY (FRANKFURT AIRPORT) - BANNER
ALLEMAGNE (AÉROPORT DE FRANCFORT) - BANNER
DUITSLAND (LUCHTHAVEN VAN FRANKFURT) - SPANDOEK

Germany (Frankfurt Airport) - Wall Wrap for Adidas
Allemagne (Aéroport de Francfort) - Toile Evénementielle pour Adidas
Duitsland (Luchthaven van Frankfurt) - Muurzeildoek voor Adidas

FRANCE (PARIS CHARLES DE GAULLE AIRPORT) - SPECIAL BUILD: EYEBALL WITH INTEGRATED DIGITAL SCREEN FOR ADIDAS
FRANCE (AÉROPORT DE PARIS CHARLES DE GAULLE) - GLOBE OCULAIRE SPÉCIALEMENT CONSTRUIT POUR ADIDAS AVEC ÉCRAN NUMÉRIQUE INTÉGRÉ
FRANKRIJK (PARIJS LUCHTHAVEN CHARLES DE GAULLE) - SPECIALE CONSTRUCTIE: OOGBAL MET EEN GEÏNTEGREERD DIGITAAL SCHERM VOOR ADIDAS

USA - Special Build for LAX Airport
USA - Construction Spéciale pour LAX Airport
VS - Speciale Constructie voor LAX luchthaven

CHINA (SHANGHAI AIRPORT)
CHINE (AÉROPORT DE SHANGHAI)
CHINA (LUCHTHAVEN VAN SHANGHAI)

Spain (Barcelona) -
Wall Wrap for Nissan
Espagne (Barcelone) -
Toile événementielle pour Nissan
Spanje (Barcelona) -
Muurzeildoek voor Nissan

4

interactive billboards

A new trend is formed by the Interactive billboards, which are even more ingenious than classical billboards when it comes to attracting attention. Built-in appliances, infrared sensors, dedicated software and combinations with other interactive technologies such as text messaging, are used to respond to the reactions of the public. In exchange for some co-operation, these advertising messages offer innovating and high-profile entertainment.

L'affichage interactif est un moyen de susciter l'attention bien plus ingénieux que l'affichage classique. A l'aide d'appareils encastrés, de détecteurs d'infrarouges, de logiciels spécialisés et combinés à d'autres innovations technologiques interactives telles que les sms, on répond aux réactions du public. Et comme pour les remercier de cette "collaboration", ces messages publicitaires offrent souvent un divertissement innovateur qui fait sensation.

Een nieuwe trend wordt gevormd door de Interactieve billboards, die nog ingenieuzer zijn in het trekken van de aandacht dan klassieke affiches. Met behulp van ingebouwde toestellen, infrarood-sensoren, gespecialiseerde software en combinaties met andere interactieve technologiëen zoals sms, wordt ingespeeld op de reacties van het publiek. In ruil voor enige medewerking, bieden deze reclameboodschappen vernieuwend en soms zelfs spraakmakend amusement.

NORWAY - INTERACTIVE SOUND FOR GORILLAZ
NORVÈGE - SON INTERACTIF POUR GORILLAZ
NOORWEGEN - INTERACTIEF GELUID VOOR GORILLAZ

BELGIUM - SPECIAL BUILD FOR THE RELEASE OF DIE HARD 4.0 - SMOKE SPUWING POSTER WRAPPED WITH CRIME SCENE TAPE.
BELGIQUE - CONSTRUCTION SPÉCIALE POUR LE LANCEMENT DE DIE HARD 4.0 - AFFICHE CRACHANT DE LA FUMÉE ET ENROULÉE DANS DES RUBANS UTILISÉS POUR BALISER LE LIEU DU CRIME.
BELGIË - SPECIALE CONSTRUCTIE VOOR DE RELEASE VAN DIE HARD 4.0 - ROOK SPUWENDE POSTER MET CRIME SCENE-TAPE.

BELGIUM - "INTERACT" FOR EXELL : INTEGRATED TELEPHONE IN STREET FURNITURE FOR HOTLINE TO CALL CENTRE
BELGIQUE - "INTERACT" POUR EXELL : TÉLÉPHONE INTÉGRÉ DANS DU MOBILIER URBAIN - HOTLINE POUR RENTRER EN CONTACT AVEC UN CALL CENTRE
BELGIË - "INTERACT" VOOR EXELL : GEÏNTEGREERDE TELEFOON IN HET STRAATMEUBILAIR VOOR HOTLINE MET HET CALL CENTRE

Bâtir
vos rêves

JCDecaux

BELGIUM - TEASING SHOWCASE IN STREET FURNITURE FOR BATIBOUW (CONSTRUCTION FAIR): A REAL WALL MADE OF BRICKS IS PROGRESSIVELY BROKEN DOWN TO ANNOUNCE THE FAIR OPENING DATE

BELGIQUE - VITRINE TEASER DANS DU MOBILIER URBAIN POUR BATIBOUW (SALON DU BÂTIMENT): UN VRAI MUR EN BRIQUES EST PROGRESSIVEMENT DÉMOLI POUR ANNONCER LA DATE D'OUVERTURE DE LA FOIRE

BELGIË - PRIKKELENDE SHOWCASE IN HET STADSMEUBILAIR VOOR BATIBOUW (BOUW-BEURS): EEN ECHTE MUUR UIT BAKSTEEN WORDT STEEN VOOR STEEN AFGEBROKEN OM DE OPENINGSDATUM VAN DE BEURS AAN TE KONDIGEN

LOUISE - LOUIZA

02:00

COMB 2   COMB 1

Uncle Ben's
EXPRESS

2 min.

...elax. ...z 2 minutes au micro-ondes.

Belgium - Special Build for Masterfoods (Uncle Ben's) : Bus Shelters transformed in microwave ovens for brand animations
Belgique - Construction spéciale pour Masterfoods (Uncle Ben's) : Abribus transformés en four micro-ondes pour actions terrain
België - Speciale Constructie voor Masterfoods (Uncle Ben's) : Bushokjes omgevormd tot magnetrons voor merkanimaties

"Sony PlayStation instructed JCDecaux Innovate to present the new portable console in Belgium to launch the new PSP in our country. This resulted in a hitherto unseen media mix of Showcase, Brand Zones and Scrolling Storyboards of 2sqm. A campaign that pushes back frontiers and does credit to the PSP!"

"Pour le lancement de la PSP en Belgique, Sony Playstation a confié à JCDecaux Innovate le soin de dévoiler la nouvelle console. Résultat ? Un mix média jamais vu mêlant Showcases, Brand Zones et Scrolling Storyboard de 2 m². Une campagne à l'image de la PSP: hors normes !"

"Om de PSP in België te lanceren, gaf Sony PlayStation aan JCDecaux Innovate de opdracht om de nieuwe draagbare console in ons land voor te stellen.Dit resulteerde in een nooit eerder geziene mediamix van Showcase, Brand Zones en Scrolling Storyboards van 2 m².Een grensverleggende campagne die de PSP alle eer aandoet!"

RONNY HOEKMAN (MARKETING DIRECTOR SONY BENELUX)

BELGIUM - 3D, BRAND ZONE, SHOWCASE AND SCROLLING FOR PSP, SONY PLAYSTATION.
BELGIQUE - 3D, BRAND ZONES ET STORY-BOARDS DÉROULANTS SPÉCIALEMENT CONSTRUIT POUR SONY PLAYSTATION (PSP)
BELGIË - 3D, BRAND ZONES & SPECIALE CONSTRUCTIE ROTERENDE STORYBOARDS VOOR SONY PLAYSTATION (PSP)

BELGIUM (ANTWERP) - SPECIAL BUILD FOR THE DJ'S OF Q-MUSIC : LIVE RADIO INTEGRATED IN STREET FURNITURE
BELGIQUE (ANVERS) - CONSTRUCTION SPÉCIALE POUR LES DJS DE Q-MUSIC : LIVE RADIO INTÉGRÉE AU MOBILIER URBAIN .
BELGIË (ANTWERPEN) - SPECIALE CONSTRUCTIE VOOR DE DJ'S VAN Q-MUSIC : LIVE RADIO GEÏNTEGREERD IN HET STADSMEUBILAIR .

UK - Sonic Screen for Nintendo
Royaume Uni - Ecran sonore pour Nintendo
Verenigd Koninkrijk - Geluidsscherm voor Nintendo

Australia - Opinionator for X Men
Australie - Opinionator pour X Men
Australië - Opinionator voor X Men

BELGIUM - Special Build with integrated TV screen for the launch of The Simpsons movie
Belgique - Construction spéciale avec écran télé intégré pour le lancement du film The Simpsons
België - Speciale Constructie met een geïntegreerd TV-scherm voor de lancering van de The Simpsons film

GERMANY - SPECIAL BUILD FOR GHM
ALLEMAGNE - CONSTRUCTION SPÉCIALE POUR GHM
DUITSLAND - SPECIALE CONSTRUCTIE VOOR GHM

UK - LENTICULAR EFFECTS FOR THE INCREDIBLES (DISNEY) : SLOW MOVE AND CHANGES OF THE IMAGES.
ROYAUME UNI - EFFETS LENTICULAIRES POUR THE INCREDIBLES (DISNEY) : MOUVEMENT RALENTI ET CHANGEMENT D'IMAGES.
VERENIGD KONINKRIJK - LENSEFFECTEN VOOR THE INCREDIBLES (DISNEY) : TRAGE BEWEGING EN VERANDERING VAN DE BEELDEN.

"Thanks to new technologies, outdoor publicity will play a more important role in the future."

"Grâce à des nouvelles technologies, l'affichage jouera une rôle plus important dans le futur."

"Dankzij nieuwe technologieën zal affichage een belangrijkere rol spelen in de toekomst."

ERIC SAMSON (MANAGING DIRECTOR CARAT, NETHERLANDS)

A NEW FORM OF INTELLIGENCE

JCDecaux

168

THE NEW NISSAN PRIMERA A NEW FORM OF INTELLIGENCE

JCDecaux

Belgium - Integrated campaign for Opel (TV screen, bluetooth, sonic sound)
Belgique - Campagne Intégrée pour Opel (écran TV, bluetooth, effets sons)
België - Geïntegreerde campagne voor Opel (TV screen, bluetooth, sonic sound)

"Mobistar is the first mobile phone operator to develop a national campaign, supported by 10 Bluetooth locations. Passers-by could download a Christina Aguilera ring tone for free."

"Acteur majeur de la téléphonie mobile, Mobistar est le premier annonceur belge à développer une campagne nationale renforcée par 10 emplacements equipés du Bluetooth. Les passants téléchargent gratuitement une Truetone de Christina Aguilera."

"Mobistar is de eerste mobiele operator die een nationale campagne ontwikkelde, versterkt met 10 Bluetooth-locaties. Voorbijgangers konden gratis een Truetone van Christina Aguilera downloaden."

CHRIS VAN ROEY (CHIEF COMMUNICATION OFFICER MOBISTAR, BELGIUM)

BELGIUM : BLUETOOTH INTERACTIVITY FOR MOBISTAR, WHERE CONSUMERS COULD DOWNLOAD A RINGTONE OF CHRISTINA AGUILERA.
BELGIQUE : INTERACTIVITÉ BLUETOOTH POUR MOBISTAR, LES CONSOMMATEURS POUVAIENT TÉLÉCHARGER UNE TRUETONE DE CHRISTINA AGUILERA.
BELGIË : BLUETOOTH INTERACTIVITEIT VOOR MOBISTAR, WAARBIJ VOORBIJGANGERS EEN RINGTOON VAN CHRISTINA AGUILERA KONDEN DOWNLOADEN.

NETHERLANDS : INFRARED INTERACTIVITY FOR NOKIA
LES PAYS-BAS - TECHNOLOGIE INFRAROUGE INTÉGRÉ POUR NOKIA
NEDERLAND - GEÏNTEGREERDE INFRAROOD - TECHNOLOGIE VOOR NOKIA

NETHERLANDS - SHOWCASE WITH BRAND ANIMATIONS FOR PHILIPS SENSEO
PAYS-BAS - VITRINE AVEC ANIMATIONS POUR PHILIPS SENSEO
NEDERLAND - SHOWCASE MET MERKANIMATIE VOOR PHILIPS SENSEO

BELGIUM - STREET MARKETING & BRAND ACTIVATION FOR NAME CHANGE OF CREYF'S INTO START PEOPLE: BRANDED VEHICLES AND PERSONNEL TO PLACE THE CAMPAIGN POSTERS
BELGIQUE - STREET MARKETING & BRAND ACTIVATION POUR LE CHANGEMENT DU NOM CREYF'S EN START PEOPLE: LES VÉHICULES ET LE PERSONNEL PORTAIENT LA MARQUE POUR METTRE EN PLACE LES AFFICHES DE LA CAMPAGNE
BELGIË - STRAATMARKETING & MERKACTIVERING VOOR DE NAAMSVERANDERING VAN CREYF'S IN START PEOPLE: VOERTUI-GEN EN PERSONEEL MET HET LOGO VAN DE FIRMA OM DE AFFICHES AAN TE BRENGEN